AF211329

Arme Seelen
gestern, heute und morgen
Band III

30 Tage mit den Armen Seelen.
nach Joseph Ackermann

gewidmet:
Maria der Himmelskönigin

Sonntag, 15. August 2010

"Man soll nicht zweifeln, dass den Abgeschiedenen geholfen wird durch die Gebete der hl. Kirche, durch das Opfer der hl. Messe und durch die Almosen, die man für ihre Seelen austeilt. Diese Überlieferung unserer Väter ist in der ganzen Kirche beobachtet worden."

Heiliger Augustinus

Herstellung und Verlag:
Books on Demand GmbH, Norderstedt
ISBN 978-3-8423-2667-5

Danke an alle Freunde der Armen Seelen,
die unsere Arbeit unterstützen durch ihr Gebet,
besonders den Priestern die für uns die heilige Messe
zugunsten der Armen Seelen feiern!

Vorwort

Liebe Brüder und Schwestern,
dies ist der dritte Band der Reihe
Arme Seelen: gestern, heute und morgen.
30 Tage mit den Armen Seelen

Er enthält eine 30-tägige Betrachtungsreihe für die
Armen Seelen im Fegefeuer und einige Gebete im
Anhang. Besonders für den Armen Seelen Monat
November geeignet.

Kein Leben wird ausreichen um die große Tiefe des
Fegefeuers zu erläutern.

Vergelt's Gott
Lucio JoseMaria de Bresser
Bruderschaft zum Troste der Armen Seelen
Per Ipsum: Blick zum Kreuz
http://www.armeseelen.de
http://www.heiligerjosef.de

Inhaltverzeichnis

„Den Verstorbenen wird nicht durch Tränen geholfen, sondern durch Gebet und Almosen."

Heiliger Johannes Chrysostomus.

Gelobt Sei Jesus Christus!
Die Bruderschaft

Liebe Brüder und Schwestern in Christo, wenn ihr *ein Vater Unser* und *ein Ave Maria* am Tag für die Armen Seelen im Fegefeuer betet, so werdet bitte Mitglied bei der *Bruderschaft zum Troste der Armen Seelen*. Wie der Engel die Seelen besucht um sie zu trösten, so besuchst du sie mit deinen Gebeten und Gedanken für sie.

„Bedenke auch Du, wie sehr du dich nach einer Familie sehnen würdest im Fegefeuer, die für dich betet."

Kontakt:
Bruderschaft zum Troste der Armen Seelen
Herr L. JoseMaria de Bresser
Bilker Allee 223
40215 Düsseldorf
Internet: **www.armeseelen.de**
Email: **bruderschaft@peripsum.de**

Vergelts Gott!

Brief der Armen Seelen im Fegefeuer

Liebe Brüder und Schwestern in Christo,
wir, die Armen Seelen, bitten euch,
wenigstens einmal im Jahr diese 30-tägige
Andacht für uns zu halten, besonders aber in
unserem Monat, dem November. Ihr könnt uns
durch diese Andacht viel Linderung
verschaffen und unter den üblichen
Bedingungen sogar die eine oder andere Seele
aus dem Fegefeuer an Gottes Thron führen.
Diese Hilfe kostet euch keine zehn Minuten am
Tag. Habt ein Herz der Barmherzigkeit für uns!
Wir werden es euch am Throne Gottes
vergelten, indem wir für euer Seelenheil
bitten. Und solltet ihr, wie wir ins Fegefeuer
kommen, so werden wir bitten, dass euch
möglichst viel Hilfe zukommt.
Verbreitet bitte diese Andacht, auf dass wir
alle hier viel Linderung erfahren. Tut es nicht
um unseretwillen, tut es um Christi Willen, der
sagte: „Liebe den Nächsten wie dich selbst."
Auch wir gehören zu eurer Familie, vergesst
es nie!

Dankend für die Hilfe
alle Armen Seelen im Fegefeuer.

1. Tag – Es gibt ein Fegefeuer.

dass es ein Fegefeuer gibt lehrt uns ganz klar und deutlich das Wort Gottes. Schon im Alten Bund finden wir folgende Aussage des Heiligen Geistes: **"Es ist ein heiliger und heilsamer Gedanke, für die Verstorbenen zu beten, damit sie von ihren Sünden erlöst werden."** *(2. Makk. 12, 43.)*

Wo befinden sich aber die Seelen, die durch unser Gebet von ihren Sünden und Sündenstrafen erlöst werden können? Nicht im Himmel, denn die Seelen die im Himmel sind, benötigen unsere Fürbitte nicht. Auch die Seelen, die in der Hölle sind benötigen keine Fürbitte, da ihnen in keiner Weise mehr geholfen werden kann.

Deswegen muss es im Jenseits neben dem Himmel und der Hölle noch einen anderen Ort geben, an dem sich die Seelen befinden, für die wir unsere Gebete verrichten sollen.

Diesen Ort der Reinigung nennen wir Fegefeuer oder Reinigungsort.

Jesus Christus selbst sagte: **"Wahrlich ich sage dir, du wirst von da nicht herauskommen, bis du den letzten Heller bezahlt hast."** *(Matth. 5, 26.)*

Aus diesen Worten schließen die heiligen Hieronymus und Ambrosius, dass es einen Seelenkerker geben muss, aus dem man nur entlassen wird, wenn man seine Sündenschuld bezahlt hat.

Dieser Ort ist nicht die Hölle, aus der es keine Erlösung gibt. Also muss es ein anderer Ort sein, und dieser ist das Fegefeuer.

Weiter sprach die ewige Wahrheit, Jesus Christus:
"Wer gegen den Heiligen Geist redet, dem wird weder in dieser noch in der künftigen Welt vergeben werden."
(Matth. 12, 32)
Daraus schließen die heiligen Augustinus, Gregor und Bernardus: die Wahrheit und die Existenz des Fegefeuers.

Sie sagen, dass nach dem Tod, in dem anderem Leben, Sünden vergeben werden.

Dieses ist aber nicht im Himmel oder in der Hölle möglich; es muss also einen dritten Ort geben, wo es passiert, nämlich das Fegefeuer.

Im ersten Korintherbrief des heiligen Paulus lesen wir:
"Wie das Werk eines jeden sei, wird das Feuer erproben. Er selbst aber wird selig werden, jedoch so wie durch Feuer."
(1. Kor. 2, 13)

Auf dem Konzil von Florenz waren sich die Gottesgelehrten einig, dass diese Schriftstelle so zu verstehen ist, dass unter diesem Feuer die Peinen des Reinigungsortes gemeint sind.

Wir müssen die Heilige Schrift nach der Erklärung der heiligen Kirche aufnehmen, und diese lehrt uns, das Dasein des Fegefeuers. Wir dürfen diese Lehre nicht verwerfen; denn dann wird uns das Urteil des Herrn treffen:
"Wer nicht glaubt, der wird verdammt werden." (Markus. 16, 16)

Es besteht eindeutig ein Fegefeuer und in diesem müssen die Armen Seelen ihre Sünden abbüßen, die sie auf Erden nicht gesühnt haben, und die Sündenstrafen, die sie sich durch schwere oder läßliche Sünden verdient haben, für die sie aus Gleichgültigkeit oder Versäumnis keine oder eine unzulängliche Sühne geleistet haben.

Wir müssen fest an das Dasein des Fegefeuers glauben, ohne einen Zweifel und wir müssen bereit sein, für diese Wahrheit der heiligen Mutter Kirche einzustehen!

2. Tag – Es gibt Arme Seelen.

Allein die menschliche Vernunft lehrt uns die Existenz des Fegefeuers und dass dort die leidenden Seelen büßen müssen. Sehr viele Seelen sind von der Erde geschieden, die nicht im Stand der Todsünde starben, sondern mit leichten Vergehen und läßlicher Sündenschuld.

Welches Urteil soll nun der gerechte Gott über diese Seelen sprechen?

In den Himmel kann er sie ja nicht aufnehmen, vom dem uns die Heilige Schrift lehrt, dass **"nichts Unreines in den Himmel eingehen kann."**

Aber noch wichtiger ist, dass er sie nicht in die Hölle verstoßen kann, denn das würde seiner göttlichen Liebe und Gerechtigkeit widersprechen; denn nur den Todsündern ist die ewige Hölle, die ewige Verdammnis und die ewige Qual der Schmerzen vorbehalten.

Nein, die Liebe Gottes des Vaters im Himmel wird seine Kinder, die ihn doch verehrten, fürchteten und liebten, die ihm gedient und die schwere Sünde gemieden oder schon abgebüßt haben, für die sein eingeborner Sohn unter so furchtbaren Leiden eingestanden hat, nicht zu seinen Feinden, die ihn verunehrt und durch die Todsünde beleidigt haben, in den Abgrund der ewigen Hölle stürzen!

Was wird der Liebe Gott mit diesen Seelen

tun, die ihm doch so teuer sind, da er sie weder in den Himmel aufnehmen, noch in den Schlund der Hölle stürzen kann?

Daher muss Gott in seiner Gerechtigkeit und Liebe einen dritten Ort erschaffen haben, in dem diese Seelen ihre Strafen abbüßen, von aller Sündenschuld befreit und zur Aufnahme ins Himmelreich vorbereitet werden.

Diesen Ort nennen wir Fegefeuer.

3. Tag – Zeugnis der Väter.

Die Lehre über die Existenz des Fegefeuers finden wir schon in den Schriften fast aller heiligen Väter.

So lesen wir beim heiligen Augustinus:
"In diesem vorübergehenden Feuer wird

man nicht von schweren, sondern von geringen Sünden gereinigt. Ein jeder bemühe sich nach Kräften, die schweren Sünden zu meiden und die läßlichen durch gute Werke abzubüßen, damit von letzteren nichts übrig bleibt, was von diesem Feuer verzehrt werden muss."

Der heilige Ambrosius schreibt:
"Wenn der Apostel lehrt: Er wird gerettet werden, doch wie durch Feuer, so zeigt er, dass derselbe zwar zur Seligkeit gelangen wird, aber dass er die Strafe des Feuers erdulden muss, damit er durch das Feuer geläutert wird; er wird jedoch nicht wie die Gottlosen auf immer in einem ewigen Feuer gepeinigt."

Der heilige Gregor erklärt:
"Ich weiß, dass nach diesem Leben manche in den Reinigungsflammen büßen müssen."

Der heilige Bernardus stellt die Frage:
"Wer ist so vollkommen, so heilig, dass er nach seinem Scheiden aus diesem Leben nichts diesem Feuer schulde? Wer

reinigt sich so vollkommen von allen Schlacken der Sünde, dass er sich rühmen darf, ein lauteres Gewissen zu haben, und sprechen kann: Mein Herz ist fleckenlos, und ich bin rein von aller Sünde? Wenige sind auserwählt, und unter den wenigen Auserwählten selbst sind nach meiner Ansicht wenige so vollkommen, dass sie jene Lauterkeit besitzen, von welcher der Weise sagt: Reinige dich mit wenigem von deiner Nachlässigkeit." (Sir. 7,34)

So bezeugen diese und noch zahlreiche andere Väter, dass die christliche Überlieferung stets an der Existenz des Fegefeuers festgehalten haben.

4. Tag – Die Kirche verteidigt die Wahrheit.

Jedes mal, wenn im Laufe der Jahrhunderte

Zweifel an den Wahrheiten der heiligen Kirche auftauchten, hat die heilige Mutter Kirche die Glaubenswahrheiten dem katholischen Gläubigen verkündet und zu glauben vorgestellt.

Dies tut sie auf den allgemeinen Konzilien oder Kirchenversammlungen.

Hier lehrt der Papst als Nachfolger des heiligen Petrus, zu dem Jesus sprach:

"Ich habe für dich gebetet, dass dein Glaube nicht abnimmt, und du wiederum festige deine Brüder. (Luk. 22, 32)"

Hier sprechen die Bischöfe als die Nachfolger der Apostel, denen der Erlöser den Auftrag gab:
"Geht hin in die ganze Welt und predigt das Evangelium allen Geschöpfen." (Mark. 15, 15)

So ist auch die Lehre vom Fegefeuer wiederholt auf allgemeinen Kirchenversammlungen festgesetzt und erläutert worden.

Das Konzil von Florenz erklärt:

"Wenn wahre Büßer in der Liebe Gottes sterben, bevor sie durch würdige Früchte der Buße für ihre Sünden Genugtuung geleistet haben, so werden ihre Seelen durch die Strafen des Reinigungsortes geläutert, und die Gebete der lebenden Gläubigen finden denselben zur Linderung jener Strafen von Nutzen."

Das Konzil von Trient hat folgenden Ausspruch getan:

"Zu allen Zeiten hat die Kirche gelehrt, dass es einen Reinigungsort gibt, und dass den darin zurückgehaltenen Seelen durch die Fürbitte der Gläubigen, vorzüglich aber durch das Gott so wohlgefällige Opfer unserer Altäre geholfen wird."

Gleichzeitig erteilte es den Bischöfen die Mahnung und den Befehl, durch die Lehre und Predigt Sorge zu tragen, dass die gesunde, von den Vätern und den Konzilien überlieferte Lehre vom Fegefeuer von den katholischen Gläubigen geglaubt und festgehalten wird.

5. Tag – Wie das Vergehen, so die Strafe.

Allein durch die von Gott gegebene Vernunft können wir erkennen, dass das Fegefeuer, der Ort der Reinigung, ein Ort der göttlichen Gerechtigkeit ist!

Wir können darüber sagen: wie das Vergehen, so ist auch die Strafe. Ein kleines Vergehen, hat nur eine geringe Strafe zur Folge; ein großes Vergehen, hat eine schwere Strafe zur Folge.

Die Buße für nicht erlassene zeitliche Sündenstrafen und für noch ungetilgte läßliche Sünden ist das Fegefeuer.

Wenn wir die Vergehen anhand der göttlichen

Liebe messen, wie sehr müssen dann die Armen Seelen leiden, um ihre Schuld auszugleichen, denn schon das kleinste Vergehen ist eine große Beleidigung Gottes.

Der eine oder andere, dem die Worte über die Strafen im Fegefeuer zu hart erklingen, verwirft sie schnell; doch wir dürfen diese nicht als eine Art Übertreibung wegwerfen oder sogar ignorieren.

Denn allein unser von Gott gegebener Verstand lässt uns erkennen, dass die Größe der Beleidigung Gottes der Größe der Sünden entspricht und somit auch die schwere der Strafe!

Die heilige Katharina von Genua erzählt, dass Gott sie eines Tages die Hässlichkeit der läßlichen Sünde hat schauen lassen und dass dieser Anblick ihr einen solchen Schrecken eingeflößt hat, dass sie daran gestorben wäre, wenn ihr der Herr diesen nicht rasch entzogen hätte.

Daran sehen wir, wie hässlich in Gottes Augen

die lässliche Sünde sein muss, und können erahnen, welche Strafen zur Reinigung im Fegefeuer auf die Sünder warten.

6. Tag – Schrecklich ist es!

Was wir allein durch unsere Vernunft erfassen können, wird durch die Heilige Schrift bestätigt, die das unfehlbare Wort Gottes ist!

In ihr lesen wir:

„Schrecklich ist es, in die Hände des lebendigen Gottes zu fallen." (Hebr 10, 31)

Die Bedauernswerten, die in die strafende Hand des lebendigen Gottes geraten, sind zuerst einmal die Todsünder, für die ewig die Qualen der Hölle bereitet sind, und dann vor allem die Seelen, die sich durch

Beleidigungen des liebenden Gottes der Reinigung im Fegefeuer unterziehen müssen.

Gott sieht in seiner Allwissenheit unsere Schuld in der gesamten Größe und seine liebende Gerechtigkeit gestattet es nicht, dass nach unserem Tod die nötige Strafe gemildert wird.

Der Apostel schrieb nicht:

Gefährlich ist es, schlimm ist es, schmerzlich ist es – in die Hand Gottes zu geraten. Sondern sein klarer Ausdruck lautete:

Schrecklich ist es!

Die Reinigung im Fegefeuer ist nicht nur schmerzlich und schlimm, sondern sie ist schrecklich für die jeweilige Seele; wenn wir die Worte der Heiligen Schrift auf das Fegefeuer anwenden.

7. Tag – Strafe der Gerechtigkeit.

Wenn wir erkennen wollen, wie groß die Strafen des Fegefeuers sind, so können wir uns die Strafen zur Hilfe nehmen, die Gott bereits auf Erden für manche Sünder verhängt hat.

Aaron, der Bruder des Moses, war zum Hohenpriester geweiht worden. Da erlaubten sich seine beiden Söhne Nadab und Abiu, die auch an der Feier des Gottesdienstes teilnahmen, unerlaubtes Feuer in ihre Rauchfässer zu füllen und dieses während der Zeremonie im heiligen Zelt zu nutzen. Für diese Verletzung der von Gott vorgeschriebenen Zeremonie, mussten sie schrecklich büßen.

Die Heilige Schrift berichtet:

Da ging Feuer aus von dem Herrn und fraß sie. *(Lev 10, 2.)*

Sie wurden also mit dem Tod bestraft, mit einem plötzlichen unerwarteten Tod, mit einem Feuertod.

Der Herr nahm keine Rücksicht auf ihr Alter, auf ihre Unbesonnenheit, auf den Schmerz des Vaters, auf die Trauer der Familie, auf Moses, der ihr Onkel war.

Gott ist in seiner Gerechtigkeit streng. Wie wird es dann erst den Armen Seelen ergehen?

Im Neuen Testament lesen wir die Geschichte des christlichen Ehepaares Ananias und Saphira, die den heiligen Apostel Petrus anlogen. Die Lüge wird meistens von vielen zu leicht genommen, wie aber nahm Gott dies an? Er bestrafte sie mit dem Tod. Ananias viel zu den Füßen des Apostels nieder und gab den Geist auf. Nach drei Stunden kam Saphira herein, log ebenfalls und fiel plötzlich nieder und gab den Geist auf.

(Apostelgeschichte 5, 5.10)

Wenn Gott schon gegen Ananias und Saphira so eine strenge Strafe verhängte für die Lüge, was müssen dann erst die Armen Seelen leiden?

Aus diesen Beispielen können wir erahnen, welche Strafen einen im Fegefeuer durch die göttliche Gerechtigkeit erwarten.

8. Tag – Sie sind sicher!

In der Heiligen Schrift gibt es keine genaue Erklärung über den Reinigungsprozess, aber die allgemeine Lehre unserer heiligen Kirche gibt uns manche Aufklärung.

Nach der Auffassung einiger Gottesgelehrten leiden die Armen Seelen im Reinigungsort eine Art von Höllenqualen. Aber diese sind nicht, wie in der Hölle, von ewiger Dauer und sie werden auch nicht durch Gotteshaß, Verzweiflung, die Grausamkeit Satans und die Nähe der Verdammten geplagt.

Ganz im Gegenteil: **die Armen Seelen sind ihres Heiles sicher, voll Hoffnung auf den Himmel!**

Viele der heiligen Väter deuten die Worte des heiligen Paulus (1. Kor. 3, 15):

"Er wird gerettet werden, jedoch so wie durch Feuer", von einem wirklichen, wenn auch geheimnisvollen Feuer im Reinigungsort.

Auch wenn wir nicht genau wissen, wie es sich mit diesem Feuer verhält, da die heilige Mutter Kirche sich darüber nicht geäußert hat, können wir dennoch sagen, dass man von Peinen reden kann, die man als eine Art von Höllenpein sieht.

9. Tag – Der Schmerz der Trennung.

Die Armen Seelen sind nicht von irgendwem oder irgendwas Irdischem getrennt, sondern sie sind von der Anschauung Gottes getrennt!

Sie sind nicht einfach von einem liebenden Menschen getrennt, sondern von der sichtbaren Gegenwart Gottes verbannt.

Was werden sie wohl leiden, wenn sie vom liebreichen Gott getrennt sind; mit welcher Sehnsucht erwarten sie die Erlösung aus ihrer Verbannung, um an den Thron Gottes zu treten!

Hier auf Erden lässt sich der Verlust von etwas durch einen anderen Gewinn oft leichter ertragen. Aber es ist anders in der Ewigkeit! Denn dann sehen wir, dass uns allein der Besitz Gottes glücklich machen kann!

Aber wir können dann noch nicht zu ihm, denn wir sind belastet mit einer Sündenschuld; deswegen kann die Seele noch nicht zu Gott, denn die göttliche Gerechtigkeit weist sie zurück.

Die Seele erkennt, dass sie in diesem Zustand noch nicht an den Thron Gottes treten kann, und geht freiwillig in das Feuer des Reinigungsortes. Sie würde sich sogar gerne und freiwillig in die schlimmste Ecke des Fegefeuers begeben, nur um die Zeit, um endlich zu Gott zu gelangen, so kurz wie möglich zu halten.

Dieser Trennungsschmerz von Gott ist das schlimmste Feuer des Reinigungsortes, und wir können annehmen, dass er mit der Dauer der Reinigung zunimmt, denn die Arme Seele kann es nicht erwarten, endlich an den Thron Gottes zu treten!

10. Tag – Unstillbarer Hunger.

Wir können die Pein der Armen Seelen durch die Trennung von Gott noch besser verstehen, wenn wir uns ein irdisches Beispiel zur Hilfe nehmen.

Um unsere Kräfte, unser Leben zu erhalten, benötigen wir Essen und Trinken. Wenn wir nur einen Tag auf unsere Nahrung verzichten, dann werden wir geschwächt, die Kräfte verlassen uns langsam. Werden aus einem Tag mehrere Tage, so können uns unsere Füße kaum noch tragen, wir verfallen in einen Zustand der Schwäche und kommen gegebenenfalls in Lebensgefahr.

Wie würde es uns gehen, wenn wir nicht sterben könnten, aber der Zustand des oben genannten Fastens andauern würde? Es wäre ein jämmerlicher Anblick des Leidens. Hunger und Durst würde uns die ganze Zeit hindurch quälen.

Die Armen Seelen haben auch einen Hunger, Hunger und Durst nach Gott! Sie hungern nach der Süßigkeit des unendlich liebevollen Gottes; sie dürsten nach der unendlich liebevollen Quelle der Seligkeit.

11. Tag – Erbarmen mit den Leidenden.

In der Heiligen Schrift steht geschrieben: **"Wodurch jemand gesündigt hat, dadurch wird er auch bestraft werden."**
(Weih. 11, 17)

Die im Fegefeuer leidenden Seelen haben durch den Missbrauch ihrer Sinne gesündigt.

Daraus können wir erschließen, dass sie große Schmerzen zu ertragen haben, die wir als Pein der Empfindungen bezeichnen können.

Wie diese Schmerzen geschaffen sind, bei den von ihren Körpern getrennten Seelen, die aber so wirken, als ob die Seele den Körper bei sich hätte, darüber hat uns die Offenbarung nichts gelehrt.

Aber es ist die Lehre der heiligen Väter, dass auch die Armen Seelen Schmerzen sinnlicher Empfindungen leiden. Der heilige Bischof Cyrillus schreibt:

"Lieber sollte der Mensch bis zum Ende der Welt gleichzeitig alle irdischen Martern erdulden, als einen einzigen Tag im Fegefeuer zu verbringen."

Leichter wäre es also, mit dem heiligen Petrus gekreuzigt, mit dem heiligen Paulus enthauptet, mit dem heiligen Laurentius lebendig auf einem Grill geröstet zu werden, als nur einen einzigen Tag die Schmerzen des Fegefeuers zu ertragen.

Wie viel Mitleid und Erbarmen müssen wir mit den Armen Seelen haben, die schon eine lange Zeit im Fegefeuer verweilen!

12. Tag – Reinigung durch Feuer.

Einer der größten Schmerzen auf Erden ist der Schmerz durch Feuer. Wir befinden uns in der Tradition der hl. Kirche, wenn wir sagen, dass die Armen Seelen im Reinigungsort durch Feuer geläutert werden.

Zeuge dieses Glaubens, der Reinigung durch Feuer, ist uns Origenes, der schreibt:

"Kommt der Mensch in die Ewigkeit und bringt er neben einer großen Anzahl guter Werke auch nur einiges Sündhafte mit, so wird dieses Wenige in ihm als Blei durch das Feuer aufgelöst und entfernt werden. Was übrig bleibt, ist Gold. Je

mehr Blei jemand mitbringt, je mehr hat er im Feuer zu leiden."

Der heilige Augustinus spricht darüber in folgender Weise:

"Dieses Reinigungsfeuer ist schmerzhafter als alle Peinen, die man beobachten, empfinden oder sich denken kann. Je größer die Zahl der Sünden ist, desto länger wird man in diesem Feuer der Läuterung bleiben müssen."

Dieses Feuer ist von Gottes Heiligkeit und Gerechtigkeit entzündet, um zur Reinigung der Armen Seelen zu dienen.

Wie wunderbar und doch wie schrecklich wirkt dieses Feuer!

Aus einem irdischen Feuer erlöst einen der Tod, aber die Armen Seelen können nicht sterben und sie müssen es so lange aushalten, bis die Reinigung ganz vollendet ist!

13. Tag – Leiden des Verstandes.

Die Armen Seelen haben auf Erden durch den Missbrauch ihrer inneren Fähigkeiten gesündigt. Die Fähigkeiten der Seele, die bei der Sünde tätig sind, sind vor allem der Verstand, das Gedächtnis und die Vorstellungskraft. Wir dürfen annehmen, dass auch diese leiden müssen.

Der Verstand wird getränkt in eine Bitterkeit, die den Vorwurf macht: schlimm ist die Reinigung, aber bedenke, dass du sie verdient hast. War es nötig, dass du den Versuchungen nachgegeben und dich deinen Leidenschaften hingegeben hast?

Dadurch hast du dreisterweise die Gebote Gottes übertreten und die Sünde bedingungslos angenommen! - Nein, dies hätte nicht sein müssen, es war leichtfertig!

Das Gedächtnis wird geplagt von Gewissensbissen: Wie leicht wäre es gewesen dem Feuer des Reinigungsortes zu entgehen, wenn du nur gewollt hättest! So viele Gnadenquellen standen dir offen, du hättest nur aus ihnen zu schöpfen brauchen! Vor allem die heiligen Sakramente und das Gebet, du hättest nur das Böse meiden und durch die Buße geringe Vergehen sühnen müssen!

Die Vorstellungskraft hält den Armen Seelen die Wahrheit vor Augen: Warum hast du Freude an den schmutzigen Bildern deiner Phantasie gehabt und dich nicht in das Herz Jesu geflüchtet? Warum hast du dich den verlockenden Gedanken hingegeben, die dich zur Sünde verleitet haben, anstatt das heilige Blut um Hilfe anzuflehen! "Siehe, deine Mutter." Auch diese Worte Jesu hast du verworfen und dich nicht unter den Schutz deiner himmlischen Mutter Maria gestellt.

So viele Möglichkeiten gab der liebreiche Gott, uns zu schützen und zu stärken! Wie viele verwenden wir?

14. Tag – Hilfsbedürftig.

Die heilige Kirche lehrt uns, dass wir durch gute Werke Vergebung der Sündenstrafen verdienen können.

Dies ist jedoch an die allzu oft vergessene Bedingung geknüpft, dass wir uns im Stand der heiligmachenden Gnade befinden müssen und selbst noch auf irdischer Pilgerreise sind.

Denn sobald wir unseren irdischen Pilgerweg verlassen haben, verlieren wir vollständig die Fähigkeit, Verdienste für den Himmel zu erwerben. Daher ist es ausgeschlossen, dass die Armen Seelen im Fegefeuer sich noch selbst etwas für den Himmel erwerben können.

Für die Armen Seelen gelten nun die Worte Jesu:

„Es kommt die Nacht, da niemand mehr wirken kann." *(Johannes 9, 4)*

Daher sind die Armen Seelen im Fegefeuer hilflos. Nur die Barmherzigkeit und Liebe ihrer Brüder und Schwestern, die sich noch auf dem irdischen Pilgerweg befinden, kann ihnen Linderung und Erlösung verschaffen. Sie selbst ertragen in Geduld und Liebe die Gerechtigkeit ihrer Strafe, denn sie erkennen nun in der gesamten und vollen Wahrheit ihre Vergehen.

15. Tag – Der Trost der Armen Seelen.

Im Fegefeuer gibt es für die Armen Seelen auch manchen Gedanken des Trostes. Der wichtigste ist wohl, dass ihr Seelenheil sicher gestellt ist.

Sie können nicht mehr wie wir Erdenpilger für ewig verloren gehen!

Genauso tröstend für die Armen Seelen ist der Gedanke, dass ihnen die hl. Kirche zur Hilfe kommen kann. „Es ist ein heiliger und heilsamer Gedanke, für die Verstorbenen zu beten, damit sie von ihren Sünden erlöst werden." (2. Makk 12, 46)

Durch unsere Gebete können wir den Armen Seelen wirksame Hilfe schenken.

Der heilige Johannes Chrysostumus sagt es folgendermaßen:
"Nicht durch Weinen wird den Verstorbenen geholfen, sondern durch Gebet und Almosen."

Der heilige Ambrosius erklärt es so:

"Nicht durch Trauer, sondern durch Gebet, nicht durch Tränen, sondern durch

Opfer empfehlt dem Herrn die Seelen der Verstorbenen an."

Die allgemeinen Konzilien von Florenz und Trient verkünden diese Lehre mit klaren Worten. Letzteres sagt ausdrücklich:

"Es ist beständig die Lehre der Kirche gewesen, dass es ein Fegefeuer gibt, und dass die darin zurückgehaltenen Seelen durch die Fürbitte der Gläubigen Hilfe erfahren." *(26. Sitzung.)*

16. Tag – Heilige haben geholfen.

Die Heiligen der Kirche sind den Armen Seelen immer zu Hilfe gekommen. Der heilige Ambrosius sprach in seiner Trauerrede für den Kaiser Valentian folgende Worte:

"Keinen Tag werde ich vorübergehen

lassen, ohne mich euer, ihr Armen Seelen, zu erinnern. Jede Nacht werdet ihr der Gegenstand meines Flehens sein. An meinem Messopfer werdet ihr Anteil haben. Wenn ich euch vergesse, soll meine Rechte vergessen sein."

Der heilige Bernardus schreibt:

"Ich will den Herrn mit Wehklagen beschwören, seufzend will ich in ihn dringen, durch meine Gebete will ich den Armen Seelen ein Vermittler sein; ich will zu ihrer Beruhigung das heilige Messopfer darbringen in der Hoffnung, dass der Herr sie eines gnädigen Blickes würdigen, ihre Qualen in Ruhe, ihr Elend in Gloria und ihre Peinen in Himmelslohn umwandeln wird."

Die heilige Perpetua, die im Jahr 202 ihr Blut für den wahren Glauben an Jesus Christus vergoss, hatte eines Tages für ihren Bruder, der im Alter von 7 Jahren starb, eifrig gebetet, als er ihr in der folgenden Nacht erschien. Er befand sich an einem finsteren Ort, sah verstört aus, dürstete und auf seinem Gesicht blutete eine große Wunde. Perpuetua zog aus seinem Zustand den Schluss, dass er sich noch im Fegefeuer befindet und betete für ihn mit innigster Andacht. In einer der folgenden Nächte sah sie ihn wieder, aber er war ganz umgewandelt, voll Herrlichkeit.

Im der Lebensbeschreibung der heiligen Lidwina, die der heilige Thomas von Kempen verfasst hat, steht folgendes:

"...diese große Dulderin litt 34 Jahre lang ununterbrochen an schmerzlichen Krankheiten; in ihren häufigen Verzückungen wurde sie von ihrem Schutzengel öfters in das Fegefeuer geführt, wo sie die Armen Seelen in zahlreichen Abteilungen je nach der Verschiedenheit der Sündenschuld schwer leiden sah. Dies bewirkte, dass sie nicht nur ihre eigenen unerhörten Leiden für nichts erachtete, sondern noch Bußwerke auf sich nahm. Unaufhörlich flehte sie um Barmherzigkeit für sie und weinte über das äußert große Elend der Armen Seelen, so oft und so viel, dass wenn die natürlichen Tränen ausgingen,

blutige folgten."

17. Tag – Wie sehr die hl. Messe hilft.

So erfolgreich und kostbar das Gebet jedes Einzelnen für die Armen Seelen auch ist, das wirksamste Mittel ist das heilige Messopfer.

Das Konzil von Trient erklärt es uns folgendermaßen:

"Zu allen Zeiten war es Lehre der Kirche, dass den im Fegefeuer zurückgehaltenen Seelen am nachdrücklichsten durch das Gott so angenehme Opfer unserer Altäre geholfen wird." (25. Sitzung)

Diese Lehre der hl. Kirche können wir durch folgende Legende des seligen Heinrich Suso veranschaulichen:

Heinrich Suso hatte mit einem befreundeten Ordensbruder das Abkommen getroffen, dass der Überlebende dem anderen einige heilige Messen lesen muss. Wenige Jahre später erfuhr Pater Heinrich, dass sein Freund gestorben war. Da er jedoch noch viele heilige Messen zu lesen hatte, so glaubte er, der übernommen Verpflichtung nicht sofort nachkommen zu können, betete und fastete aber sehr viel und verrichtete eifrig Bußwerke für seinen verstorbenen Freund. Nach einigen Tagen erschien ihm der Verstorbene in einer so elenden Gestalt, dass er am ganzen Leib anfing zu zittern. Der Verstorbene richtete an ihn die Worte: "Du untreuer Freund, wie hältst du das Versprechen, das du mir gegeben hast?"

Erschrocken und in großer Angst entschuldigte sich Suso und sagte, dass er doch viel gebetet und gefastet habe für ihn. Der Freund antwortete: "Deine guten Werke sind zu schwach, um mich aus den Qualen zu befreien. Das vermag nur das Blut Jesu Christi in der heiligen Messe. Hättest du die versprochenen heiligen Messen gelesen, so wäre ich schon aus dem Fegefeuer erlöst; nun aber muß ich brennen - wegen deiner Schuld."

Heinrich Suso las nun sobald wie möglich die versprochenen heiligen Messen. Daraufhin erschien ihm sein Freund ein zweites Mal und sagte ihm, dass er nun erlöst sei und sich im Himmel unter den Engeln und Heiligen freue und nicht aufhören werde, am Thron Gottes für ihn zu beten.

18. Tag – Hilfe durch die hl. Messe.

Das Opfer des Blutes Jesu, das zuerst auf Golgotha geflossen ist und jetzt auf unseren Altären während der heiligen Messe aufgeopfert wird, hat eine unermessliche Sühnekraft - auch besonders für die Armen Seelen im Fegefeuer.

Der heilige Johannes Chrysostomus sagt darüber:

"Mit Recht haben die Apostel angeordnet, dass bei der heiligen Messe auch der Verstorbenen gedacht wird; denn sie wußten, dass diesen aus derselben großer Nutzen und viel Trost zufließt."

Der heilige Augustinus schreibt:

"Ein Christ darf nicht leugnen, dass die Verstorbenen durch die Frömmigkeit ihrer Freunde, die noch am Leben sind, Erleichterung erfahren, wenn das Opfer des Mittlers zwischen Gott und den Menschen für sie dargebracht wird."

So ähnlich lehrt es auch der heilige Gregor:

"Den Verstorbenen, für die die heilige Messe gefeiert wird, und für die der Priester besonders betet, wird wenigstens ein Teil ihrer Strafen erlassen."

Diese Zeugnisse der heiligen Kirche fand sich auch immer in der Praxis der Gläubigen wieder. So sagte die heilige Monika auf dem Sterbebett zu ihrem Sohn:

"Legt meinen Leib wohin ihr wollt, mein Begräbnis brauch euch kein besonderes Anliegen zu sein; aber um das bitte ich, dass ihr wo immer ihr seit, am Altar des Herrn meiner gedenkt."

Vom Kreuzesopfer Christi und aus seiner Erneuerung bei der heiligen Messe strömt das Blut der Erlösung über die im Fegefeuer leidenden Armen Seelen und wird dankend angenommen wie der Morgentau von der Natur.

Wenn wir nur einmal Zeuge wären, wie sehr das heilige Messopfer die Armen Seelen tröstet, wie andächtig und inbrünstig würden wir diesem beiwohnen, wie ehrfurchtsvoll würde es gefeiert werden, wie sehr würden wir jeder einzelnen heiligen Messe beiwohnen wollen, wie schnell würden sich manche Ausreden zum Besuch der heiligen Messe in Luft auflösen!

19. Tag – Die Ablässe.

Ein Ablass ist der Nachlaß zeitlicher Sündenstrafen, die uns von der Kirche nach bereits vergebenen Sünden außerhalb des Bußsakramentes erteilt wird.

Wenn ein Katholik die Bedingungen zur Gewinnung eines Ablasses erfüllt, so kann er Gott bitten, den gewonnen Ablass den Armen Seelen so zuzuwenden, als hätten sie selbst ihn erworben, und er darf hoffen, dass Gott nach seiner Heiligkeit, Barmherzigkeit und Gerechtigkeit sein Gebet um Zuwendung des Ablasses für die Armen Seelen erhören wird. Das ist die Lehre der heiligen katholischen Kirche.

Es gibt zwei Arten von Ablässen: den

vollkommenen Ablass und den Teilablass.

Durch einen vollkommenen Ablass werden alle Sündenstrafen der Seele, für den er gewonnen wird, erlassen. Wenn nun Gott einer Armen Seele einen solchen Ablass auf unser Gebet hin zugute kommen lässt, so ist sie auf einmal von ihrer ganzen noch zu büßenden Strafe befreit, verlässt sofort das Fegefeuer und steigt zum Himmel empor.

Durch einen Teilablass werden nicht alle Sündenstrafen erlassen, sondern nur ein Teil derselben. Wie groß dieser Anteil der Erlassung ist, liegt allein in Gottes Willen und Barmherzigkeit und wird, so dürfen wir annehmen von Gott je nach Größe der Sündenschuld entschieden.

Wer einen Ablass gewinnen will, muss sich im Stand der Gnade Gottes befinden, die Meinung haben, derselben teilhaftig zu werden, und das gute Werk, auf das der Ablass verliehen ist, genau nach der Vorschrift verrichten.

Da viele unserer täglichen Gebete mit einem

Ablass verbunden sind, so sollten wir jeden Morgen die Meinung machen, alle Ablässe zu gewinnen, derer wir teilhaftig werden können.

Ob wir die Ablässe, die von der hl. Mutter Kirche angeboten werden, vollständig gewinnen, können wir nicht sicher wissen, da wir nicht beurteilen können, ob das unsererseits Erforderliche in einem genügendem Maße geleistet wurde. Daher empfiehlt es sich, vor Gewinnung des Ablasses nach allen Kräften die Reue zu erwecken.

Derjenige der den Ablass gewinnt, muss auch die Absicht haben, ihn den Armen Seelen zuzuwenden.

20. Tag – Helfen durch Ablässe.

Die heilige Mutter Kirche hat uns eine große Anzahl von Ablässen geschenkt, die wir den

Armen Seelen zuwenden können. Als Beispiele seien nur genannt:

Der Kreuzweg.

Durch das Beten des Kreuzweges in Andacht und im Stand der Gnade können wir einen vollkommenen Ablass gewinnen. Hierzu ist es nötig von einer Station zur anderen zu gehen und, falls dies nicht möglich sein sollte, sich wenigstens den jeweiligen Stationen zuzuwenden.

Das Kreuzzeichen, das "Ehre sei dem Vater", das Angelusgebet, die Erweckung von Glaube, Hoffnung und Liebe sind mit Teilablässen verbunden.

Wir besitzen eine ganze Armee von Stoßgebeten die wir im Alltag oft anwenden können, die alle mit einem Teilablass versehen sind, wie beispielsweise: Mein Jesus, Barmherzigkeit! Jesus, mein Gott, ich liebe Dich über alles! Süßes Herz Mariä, sei meine Rettung....

So leichte Möglichkeiten und Mittel hat uns die liebende Mutter Kirche zur Verfügung gestellt, nutzen wir sie um unseren Geschwistern im Fegefeuer zu Hilfe zu Eilen!

Üben wir uns doch darin, direkt nach dem Aufwachen am Morgen ein "Mein Jesus, Barmherzigkeit" für die Armen Seelen aus unserem Herzen zu seufzen.

Man kann es nicht oft genug sagen: so unglaublich zahlreiche Hilfen hat uns die heilige Mutter Kirche geschenkt, um den Armen Seelen zur Hilfe zu kommen, und wie oft sind wir doch träge oder vergesslich, um selbst kleine Stossgebetchen zu sprechen! Bitten wir Maria, dass sie uns täglich an das Stoßgebet für die Armen Seelen erinnern möge!

21. Tag – Das Gebet.

Neben dem heiligen Messopfer und den Ablässen ist auch unser Gebet imstande, den Armen Seelen zu helfen.

Jesus lehrt uns dies mit folgenden Worten: **"Bittet, so wird euch gegeben werden; sucht, so werdet ihr finden; klopft an, so wird euch geöffnet werden; denn jeder, der bittet, empfängt; und wer sucht, der findet; und wer anklopft, dem wird geöffnet werden."**

Daher besteht kein Zweifel, dass Gott unser Gebet in der richtigen Weise erhört.

Wenn unser Gebet also schon für die Lebenden erhört wird, warum sollte Gott das Gebet für die Armen Seelen im Fegefeuer nicht erhören? Wir dürfen mit Sicherheit annehmen, dass Gott das Gebet erhört und ihre Schmerzen lindert und ihre Zeit im Fegefeuer verkürzt, wenn wir in einem guten Gebet ihn darum bitten.

Gott gewährt in seiner Weisheit und Barmherzigkeit nicht alles, worum wir ihn bitten; denn manches wäre nicht gut für unser Seelenheil. Aber das Gebet für die Armen Seelen dient zur Ehre Gottes und zum Heil der Seele des Nächsten. Darum dürfen wir annehmen, dass Gott uns hier immer - in einem gewissen Maße - Erhörung gewährt.

Gott gewährt uns mit Vorliebe die Gnadengeschenke, die wir aus christlicher Nächstenliebe für unsere Mitmenschen erbitten.

In den Worten des Alten Testamentes finden wir eine sehr schöne Begründung für unsere Erhörung:
"...es ist also, sagt er, ein heiliger Gedanke, für die Verstorbenen zu beten, damit sie von ihren Sünden erlöst werden..." *(2. Makk. 12, 46)*

22. Tag – Hilfe durch das Gebet.

Die heiligen Väter bezeugen die Wirksamkeit des Gebetes für die Armen Seelen, so sagt der heilige Gregor von Nyssa:

"Der Gebrauch, für die Verstorbenen zu beten, ist uns von den ersten Jüngern Jesu überliefert worden."

Daher dürfen wir annehmen, dass die fromme Übung des Gebetes für die Verstorbenen von den Jüngern Jesu selbst überliefert wurde und daher besteht kein Zweifel, dass Jesus Christus, die allerseligste Jungfrau Maria und die Apostel für die Armen Seelen im Fegefeuer gebetet haben.

Der heilige Augustinus lehrt:

"Mögen die Irrlehrer dagegen einwenden, was sie wollen, es ist ein sehr alter Brauch der Kirche, für die Verstorbenen zu beten."

Die Irrgläubigen unserer Zeit und die der Anfänge unterscheiden sich nicht! - sie alle verwerfen das so wichtige und wertvolle Gebet für die Verstorbenen. Wir aber wollen den heiligen Vätern nachfolgen und den wahren Glauben der heiligen Kirche leben, indem wir den Armen Seelen zur Hilfe kommen!

Der heilige Ambrosius sagte in seiner Rede über den verstorbenen Kaiser Theodosius:

"Ich werde in meinen Tränen und Bitten nicht nachlassen, bis ich ihn hinführe auf den heiligen Berg des Herrn, wohin seine Verdienste ihn rufen."

Ambrosius betete nicht nur, sondern er flehte Gott unter Tränen an, eine Arme Seele aus dem Fegefeuer zu entlassen!

Der heilige Cyrillus schrieb:

"Lasst uns für die Verstorbenen beten, denn wir verschaffen ihnen dadurch große Erleichterung."

Kein Mittel ist uns gegeben, das wir so oft und so leicht anwenden können, wie das Gebet. Zu jeder Zeit, an jedem Ort können wir unsere Bitten an Gott richten und so den Armen Seelen Erleichterung verschaffen!

23. Tag – Möglichkeiten der Hilfe.

Wir sollten uns nicht nur vornehmen für die Armen Seelen zu beten, sondern dieses Gebet zu festen und bestimmten Zeiten pflegen.

Bei unserem Morgengebet sollten wir den Armen Seelen die Ablässe zuwenden, denen wir an diesem Tage teilhaftig werden. Wenn es uns möglich ist, sollten wir drei mal am Tag den Angelus beten und den Ablass, sowie den genugtuenden Wert dieser Übung den Armen Seelen zuwenden.

So oft wie möglich, sollten wir der heiligen Messe zum Troste der Armen Seelen beiwohnen und ihnen besonders in einem flehenden Gebet nach der heiligen Wandlung gedenken! Die heilige Kommunion sollten wir möglichst oft zum Troste der Armen Seelen aufopfern.

Beim Tischgebet können wir ihnen durch ein Stoßgebetlein Erquickung schenken.

Nicht zu vergessen der alte und schöne Brauch, an Sonn- und Feiertagen den Friedhof zu besuchen, die Gräber mit etwas Weihwasser zu besprengen und eine Kerze anzuzünden.

Hören wir die Glocken zu einer Beerdigung, so nehmen wir uns kurz die Zeit dieser Verstorbenen Seele zu gedenken und für sie zu beten.

Haben wir bei oder durch etwas eine besondere Freude, so sollten wir sagen: **"Die Armen Seelen sollen aber auch nicht leer ausgehen!"**

Beim Abendgebet sollten wir den Armen Seelen noch einmal besonders gedenken, denn nun folgt eine lange und schwere Nacht für sie, in der so viele schlafen und ihrer nicht gedenken. Widme daher bei deiner Abendandacht den Armen Seelen besondere Minuten.

24. Tag – Das Almosen.

Das gute Werk des Almosengebens ist eine weitere Möglichkeit den Seelen im Reinigungsort zur Hilfe zu kommen.

Der heilige Augustinus lehrt:

"Es darf nicht geleugnet werden, dass die Armen Seelen, wenn Almosen für sie ausgeteilt werden, Erleichterung erfahren."

Bei der heiligen Brigitta finden wir folgendes: **"Wie die Sünden auf der Welt, so sind die Schmerzen im Fegefeuer verschiedener Art. Ein Hungriger freut sich der Nahrung, ein Durstiger des Trankes, ein Nackter des Kleides, ein Kranker des Bettes, die ihnen geboten werden. So freuen sich die Armen Seelen und werden des Guten teilhaft, wenn dieses für sie in der Welt verrichtet wird."**

Es ist ähnlich anzusehen, wie wenn man den Armen Seelen all diese Gaben selbst übergibt.

Besonders wirksam sind die geistigen Almosen, daher sollen wir uns in der Barmherzigkeit, dem hl. Sakrament der Buße und des Altares besonders üben und unsere Verdienste den Armen Seelen schenken. Dieses geistige Almosen ist so einfach, dass es jeder von uns tun kann, jeder kann den Armen Seelen so eine große Hilfe sein!

25. Tag – Durch Bußwerke helfen.

Die Leiden haben eine sühnende Kraft, wenn sie in der rechten Weise getragen werden. Man kann dadurch eigene Verfehlungen tilgen oder den Armen Seelen damit zur Hilfe kommen.

Wenn z.B. das kirchlich vorgeschriebene Fasten oder die Abstinenz eine Beschwerde hervorruft, so kann man diese Beschwerde fürbittweise für die Armen Seelen aufopfern. Daher können wir uns auch ab und an selbst einen freiwilligen Fast- oder Abstinenztag auferlegen, wie z.B. den Verzicht auf bestimmte Speisen und dieses wieder den Armen Seelen zugute kommen lassen.

Ab und an schickt uns die Vorsehung Gottes

einen schweren Verlust von zeitlichen Gütern, eine schwere Demütigung von unseren Mitmenschen, eine schmerzliche Krankheit oder ähnliches, dem wir uns nicht entziehen können. Wenn wir dies geduldig annehmen und ausharren im Glauben, so können wir den erworbenen Verdienst den Armen Seelen schenken!

Die heilige Lidwina war uns hier ein großes Beispiel, sie wollte lieber die schlimmste Krankheit bis zum jüngsten Tag für die Armen Seelen ertragen, als sofort in den Himmel aufgenommen zu werden.

26. Tag – Durch gute Werke helfen.

Es ist die Lehre unserer lieben Mutter Kirche, dass wir durch jedes gute Werk, das wir im Stand der Gnade verrichten, einen genugtuenden Verdienst bei Gott erwerben.

Diesen genugtuenden Verdienst können wir den Armen Seelen schenken, indem wir Gott bitten, ihn ihnen zukommen zu lassen. Diese Art von Zuwendung ist kein Gebet, sondern eine Bitte, vereint mit der Tat und dem Werk.

Durch die Erweckung der guten Meinung können wir die sonst verdienstlosen Werke in gute Werke umwandeln und diese dann den Armen Seelen im Fegefeuer zuwenden. So können wir nicht nur die guten Werke eines Tages, einer Woche, eines Monats oder eines Jahres zur stellvertretenden Genugtuung für die Armen Seelen aufopfern, sondern sogar die des ganzen Lebens.

Die selige Franziska aus dem Karmelitenorden fastete den größten Teil des Jahres für die leidenden Seelen im Fegefeuer. Ihre ganze Arbeit, ihre Gedanken, ihre Freuden und ihre Leiden, ihre Schmerzen und Krankheiten - alles opferte sie Gott auf, um den Armen Seelen dadurch Trost zu schenken.

27. Tag – Welchen Seelen helfen.

Alle Armen Seelen im Fegefeuer verdienen es, dass wir ihnen zur Hilfe kommen in ihrer Not!

Dennoch gibt es Arme Seelen, denen wir mehr verpflichtet sind zu helfen als anderen.

Wenn wir uns vorstellen, dass diese Seelen uns aus dem Fegefeuer entgegen rufen: "Bete für mich.."; so können wir in etwa folgendes annehmen:

Bete für mich, rufen dir deine Eltern und Geschwister zu;

bete für mich, rufen dir deine Angehörigen und Bekannten zu;

bete für mich, ruft dir dein Heimatpfarrer, Seelenführer und Beichtvater zu;

bete für mich, rufen dir diejenigen zu, die dir im Leben Gutes getan haben;

bete für mich, rufen dir auch besonders die Seelen zu, denen DU selbst Anlass zur Sünde gegeben hast!

Und eines Tages wirst du an ihre Stelle treten und ein "Bete für mich" deinem Nächsten zurufen!

28. Tag – Verlassensten Seelen helfen.

Außer den Armen Seelen, denen wir besonders helfen sollen. gibt es noch diejenigen Armen Seelen, denen wir aufgrund besonderer Liebe zur Hilfe eilen sollen.

Glücklich ist derjenige, der eine fromme Familie hinterlässt, die für ihn betet, opfert und heilige Messen lesen läßt. Denn eine fromme Familie wird sich bemühen, ja sogar beeilen, den lieben Verstorbenen baldmöglichst aus dem Fegefeuer zu erlösen.

Schlimm trifft es die Armen Seelen die am verlassensten sind. Sie haben auf Erden vielleicht keine Verwandten, Freunde und Bekannte mehr, die sich ihrer annehmen, oder die eigene Familie will von der katholischen Religion nichts mehr wissen. Mit Glück, so können wir beinahe sagen, erhalten sie noch einmal im Jahr ein paar Blumen und ein Lichtlein auf dem Grab - einfach lieblos dahingelegt und ohne jegliche Intention. Diese Seelen leiden verlassen ohne Hilfe im Fegefeuer. Wenn überhaupt wird ihner nur beiläufig gedacht, so dass sie mit der hl. Schrift klagen können:

"Ich bin ein Mensch geworden ohne Hilfe, unter die Toten entlassen. Entfernt hast du von mir den Freund und den Nächsten und meine Bekannten von meinem Elend." *(Psalm 87. 5, 19)*

Die Seelen sind die Ärmsten der armen Armen Seelen, wenn nicht ein wahres liebreiches katholisches Herz ihrer gedenkt! Wie sehr sehnen sie sich nach deinem Gebet, wie sehr wird Gott dir dieses Gebet für die verlassensten Seelen anrechnen - was ein Werk der Barmherzigkeit!

Dann gibt es noch die Armen Seelen, die ihre Strafe schon fast abgebüßt haben. Diesen sollten wir auch unsere besondere Liebe zuwenden, denn je näher sie der Erlösung kommen, um so mehr sehnen sie sich nach Gott. Ihnen können wir schon mit kleinen guten Werken und Gebeten helfen. Wenn wir z.B. die heilige Messe besuchen, können wir dies in der Intention tun: **"...dass ich diese hl. Messe der Armen Seele schenke, die dadurch aus dem Fegefeuer erlöst wird..."** - Genauso können wir die Intention bei einem Vater Unser, Ave Maria und so weiter machen. Wir haben so wenig Aufwand diesen zu helfen, müssen wir da nicht aus dem Vollen schöpfen und die Liebe unseres Herzens ihnen zuwenden? So können wir sogar zwei Arme Seelen in einer hl. Messe an den Thron Gottes führen, die erste wie oben beschrieben durch den Messbesuch, und bei der zweiten durch die hl. Kommunion, wenn wir dies in der Intention **"für eine Arme Seele die dieses Werk zur Erlösung noch benötigt"** empfangen. Mit vielen kleinen Werken können wir großes vollbringen in der Liebe.

Die erlösten Armen Seelen werden unser im Himmel, so dürfen wir annehmen, besonders gedenken, denn sie werden sich dankbar an unsere Hilfe erinnern und Gott für uns bitten.

29. Tag – Hilfe verweigern, keine Hilfe empfangen.

Wir dürfen sagen, dass Gottes heilige Gerechtigkeit wohl verteilt ist, so dass jemand, der selbst nicht barmherzig ist, auch keine oder im selben Masse Barmherzigkeit empfängt.

Daher kann man annehmen, dass diejenigen, die den Armen Seelen im Fegefeuer gar nicht helfen, mit dem selben Maß im Fegefeuer Hilfe empfangen werden.

Da helfen dann auch nicht die Gebete, Messintentionen, Aufopferungen und Ablässe, die einem nach dem Verscheiden zukommen sollen, denn Gottes Gerechtigkeit wird diese anderen zuwenden oder nur einen Teil der Seele zufließen lassen. Denn mit dem Maß, mit dem ihr gemessen habt, wird euch gemessen. *(Matth. 7,2)*

Ein unbarmherziges Gericht wird über jenen ergehen, der nicht Barmherzigkeit übt. (Jak. 2, 13.) - Wer also vorher keine Barmherzigkeit üben wollte, weil er verstockt war, dem wird dieses Mass nach Gottes Gerechtigkeit vergolten.

Wie klein oder wie selten dieses ist, wenn man im Fegefeuer verweilt, hängt einzig von der barmherzigen Gerechtigkeit Gottes ab.

Der heilige Augustinus schreibt darüber:

"Die guten Werke gereichen nur jenen Verstorbenen zum Vorteil, die es in ihrem Leben verdient haben, dass sie ihnen nützlich sein können."

30. Tag – Sie danken uns.

Thomas von Kempten schreibt:

"Wer sich bemüht, den Armen Seelen zu helfen, verschafft sich selbst großen Vorteil und das für sie verrichtete Gebet kommt ihm selbst zugute."

Wir dürfen annehmen, dass Gott unsere Hilfe für die Armen Seelen sehr wohlgefällig ist, denn wir üben uns dadurch besonders in der Nächstenliebe. Oft belohnt Gott uns schon hier auf Erden mit Glück und Segen und im Jenseits durch eine frühzeitige Erlösung aus dem Fegefeuer, da er uns sicherlich in dem

Maße Hilfe zukommen lässt, wie wir geholfen haben.

So können wir mit der heiligen Schrift im Herzen ausrufen:

Selig sind die Barmherzigen, denn sie werden Barmherzigkeit erlangen.

(Matth. 5, 7.)

Die Armen Seelen werden es uns ebenfalls danken, dass wir ihnen in ihrem Leid zur Hilfe kommen. Sie werden Gott unaufhörlich für unser Seelenheil bitten.

"Es ist wahrscheinlich, dass man auch die Armen Seelen im Fegefeuer um ihr Gebet bitten kann; denn es ist glaubwürdig, dass Gott sie unser Gebet wissen lasse, auf dass diese heiligen Seelen auch für uns beten und so zwischen ihnen und uns die Verbindung der Liebe und gegenseitige Fürbitte bestehe."

Der Jesuit Suarez sagt darüber:

"Diese Seelen sind heilig und deshalb von Gott sehr geliebt; auch lieben sie uns mit einer vollkommenen Liebe. Sie kennen wenigstens im allgemeinen unsere Gefahren und wissen, wie sehr wir der Hilfe Gottes bedürfen. Sicherlich werden sie daher für uns beten, obwohl sie noch ihre Schulden zu büßen genötigt sind. Wir können ja auch in diesem Leben füreinander beten, obwohl wir große Schuldner vor Gott sind; auch haben die Väter, die sich im Schoße Abrahams befanden, für die Lebenden gebetet, wie vom Propheten Jeremias und dem Hohenpriester Onias berichtet wird."

Von der heiligen Katharina von Bologna wissen wir, dass sie sich in besonderen Anliegen an die Armen Seelen wandte und sogleich erhört wurde.

Wenn die Armen Seelen aus dem Fegefeuer erlöst sind, haben wir am Thron Gottes treue Freunde, die für uns besonders bitten.

Gebete für die Armen Seelen.

Kommunionablass für die Armen Seelen aufopfern.

O mein Jesus! Ich flehe zu deiner Barmherzigkeit, Du wollest den Ablass, den ich durch meine heutige Kommunion erlangt habe, den Seelen N.N. zu ihrer Erlösung gereichen lassen. Sollten diese Seelen der Fürbitte nicht mehr bedürftig sein, so schenke ihn den Seelen, die der Befreiung zunächst sind, damit Sie Dich, o Gott, im Himmel sehen, lieben, loben und anbeten mögen und auch für mich bitten wollen, dass ich ihnen im Himmel beigestellt werde, um Dich zu lieben, zu loben und anzubeten in alle Ewigkeit. Amen.

Gebet für die verlassenen Seelen

Großer, barmherziger Gott, habe Erbarmen mit allen Seelen, welche in dieser Welt vergessen sind und den Trost der Fürbitte nicht haben. Unendlich mildreicher Gott, verzeihe ihnen die Sünden, welche sie begangen haben, befreie sie von den Strafen, die sie erleiden, und bringe sie in den Besitz des himmlischen Erbes. Erinnere dich, dass sie das Werk deiner Hände sind und der Preis des kostbaren Blutes Deines göttlichen Sohnes Jesus Christus, und dass sie deshalb Anspruch haben, sich Deiner beseligenden Gegenwart zu erfreuen von Ewigkeit zu Ewigkeit. Amen.

Gebet am Begräbnistag

Allmächtiger Gott, der Du aus Dir immer zum Erbarmen und Verschonen bereit bist: wir flehen Dich demütig an für die Seele Deines Dieners (Deiner Dienerin) N.N. welche Du von dieser Sterblichkeit hinweggenommen hast, dass Du sie nicht in die Hände des bösen Feindes übergebest, sie auch nicht für ewig verwerfest, sondern von den heiligen Engeln aufnehmen und in das Paradies einführen lassest, damit sie deswegen, weil sie auf Dich gehofft und an Dich geglaubt hat, nicht die Peinen der Hölle ausstehen müsse, sondern das ewige Leben erlangen möge; durch Jesus Christus, Deinen Sohn, unseren Herrn. Amen.

Gebet am Jahrestag eines Verstorbenen

Siehe gnädig herab, o Herr, auf unsere demütigen Bitten für die Seelen deiner Diener und Dienerinnen, deren Jahrestag wir heute begehen, und für welche wir Dir das heilige Opfer zu deinem Lobe darbringen, damit du sie in die Gesellschaft der Heiligen aufnehmen mögest; durch Jesus Christus, unsern Herrn. Amen.

Flehentliches Gebet für die Armen Seeelen

Süßer Jesus! Furcht und Hoffen hat mein armes Herz getroffen; Deine Liebe ruf ich an für die lieben armen Seelen, die sich nach dem Himmel sehnen in den Leiden, um die Freuden endlich bei dir zu empfangen. Wie sie in den Peinen schmachten und hinauf zum Himmel trachten! Jesu, sie sind alle dein! Laß auf sie dein Heil ergießen, laß für sie dein Blut hinfließen in den Qualen abzuzahlen, was noch muß gebüßet sein.
Seufze, Herz, ach, fließt, ihr Tränen, ihre Schulden auszusöhnen: Milder Gott! wie gut

bist du! Jesu, wolle dich erbarmen, rufe bald zu dir die Armen; zu den Deinen aus den Peinen, nimm sie auf zur ewigen Ruh. Laß durch ihren Schmerz dich rühren, wollst sie in den Himmel führen aus dem Ort der Feuerglut; laß sie froh zu dir ansteigen und vor deinem Thron sich neigen, in dem Leben, das zu geben, du vergossen hast dein Blut. Amen.

Für Verwandte, Freunde und Wohltäter

Gott, du bist reich an Erbarmen und willst, dass alle Menschen gerettet werden. Erhöre unser Gebet für unsere Verwandten, Freunde und Wohltäter, die aus dieser Welt geschieden sind. Laß sie auf die Fürsprache der seligen Jungfrau Maria und aller Heiligen in der Gemeinschaft mit dir das ewige Glück finden. Darum bitten wir durch Jesus Christus, unseren Herrn. Amen.

Bitte an die Armen Seelen

Geliebte Arme Seelen, ihr Gottesfreunde, glühend liebt ihr Gott und eure Brüder und Schwestern im Erdentale. Könnt ihr auch euch selbst nicht helfen, so vermögt ihr doch in eurer Liebe wirksam für uns zu bitten bei Gott, der ewigen Liebe. Schaut in helfender Liebe auf uns Erdenpilger, helft uns in Not und Bedrängnis und führt uns zum ewigen Leben. Treu gedenken wir eurer, so vergeßt auch uns nicht; helft uns vielmehr im Himmel einst in gemeinsamen Jubel Gott loben und preisen in Ewigkeit. Amen.

Gebet für den Friedhofsbesuch

Seid gegrüßt, ihr christgläubigen Seelen, deren Leiber hier begraben liegen. Jesus Christus, der für euch gekreuzigt wurde und sein rosenfarbenes Blut vergossen hat, erbarme sich eurer, und wolle euch aus eurer Pein erretten und eine fröhliche Auferstehung verleihen. Amen.

Für die Armen Seelen im Fegefeuer

Gieße deine unendliche Barmherzigkeit auf das Anrufen deines schwachen Geschöpfes über die armen Seelen im Fegefeuer! Erbarme dich ihrer, denn sie sind das Werk deiner Hand, deiner Güte und Gnade, darum verlaß sie nicht. Zwar haben sie dich in ihrem leichtsinnigen Leben schwer durch ihre Sünden beleidigt, aber du hast jeden Menschen, jeden Sterblichen durch das Werk der Erlösung des Himmels teilhaftig zu machen versucht. Dein Blut, o mein Jesus, ist für so viele als der unversiegbare Gnadenstrom geflossen, darum laß sie durch diese Linderung in ihrer Pein empfinden! War das Vergehen dieses meines christlichen Mitbruders, dieser meiner christlichen Mitschwester groß, so sei deine unergründliche Barmherzigkeit noch größer! Die Stimme der Gnade, der Verzeihung, der Erhöhrung, welche schon so viele erfahren haben, fließe von deinem göttlichen Mund herab.

Herr! wie du dem Verbrecher zu deiner Rechten zugerufen hast: "Noch heute wirst du bei mir im Paradiese sein!", so führe auch dieses Gebet meine Mitmenschen deine wunderbare Allmacht aus der Qual des Fegefeuers in die ewige Freude, damit du dort von uns allen stets gelobt, gebenedeit und gepriesen werdest von Ewigkeit zu Ewigkeit. Amen.

Gebet für die verlassensten Seelen

Jesus, um der Schmerzen willen, die Du bei Deiner Todesangst im Garten Gethsemani, bei der Geißelung und Dornenkrönung, auf dem Weg zum Kalvarienberg, bei Deiner Kreuzigung und Deinem Hinscheiden erduldet hast, erbarme Dich der Seelen im Fegefeuer, besonders jener, die ganz verlassen sind! Erlöse sie aus ihren bitteren Qualen, rufe sie zu Dir und schließe sie im Himmel liebevoll in Deine Arme! *Vater unser..., Gegrüßet seist Du, Maria... Herr, gib ihnen ...*

Gebet für die verstorbenen Eltern

Gott, Du hast uns geboten, Vater und Mutter zu ehren. Erbarme Dich gnädig der Seelen meines Vaters und meiner Mutter; verzeihe ihnen ihre Sünden und gib, dass ich sie einst wiedersehe in der Freude des ewigen Lichtes! Durch Christus, unsern Herrn. Amen.

Gebet für eine bestimmte Seele

Wir bitten, Herr, erbarme Dich in Deiner Vatergüte der Seele Deines(er) Dieners(in) N.N., befreie sie von den Befleckungen des sterblichen Lebens und laß sie Anteil haben an der ewigen Erlösung. Durch Christus unseren Herrn. Amen.

Gebet für die Armen Seelen.

Helft den lieben Armen Seelen den Opfern aller Gewalt und jeglichen Verbrechens. Allen, die im Weltgeschehen große Verantwortung trugen. Allen, die sich nur schwer vom

Irdischen trennen konnten. Allen, die nicht auf ihren Tod vorbereitet waren. Den Gewohnheitssündern, die nur durch ein Wunder der Gnade gerettet wurden. Den am meisten leidenden Seelen. Den vergessenen Seelen, die am wenigsten Hilfe erhalten. Herr, gib allen die ewige Ruhe. Und das ewige Licht leuchte Ihnen. Herr, laß sie ruhen in Frieden. Ehre sei dem Vater und dem Sohn und dem Heiligen Geist, wie es war im Anfang, so auch jetzt und allezeit und in Ewigkeit. Amen.

Aufopferung für die Armen Seelen

Gütigster Gott! Weil es dein Wille ist, dass wir für die Armen Seelen beten, opfere ich dir durch die reinsten Hände Mariens alle heiligen Messen auf, die heute gefeiert werden, zu deiner höchsten Ehre und zur Erlösung der Seelen aus dem Fegefeuer. Demütig bitte ich dich, erbarme dich ihrer und tilge ihre Schuld aus den überreichen Verdiensten deines vielgeliebten Sohnes.

Gedenktafel der Armen Seelen

O Herr, erbarme dich der armen leidenden
Seelen im Fegefeuer und hilf:
Meinen lieben Eltern und Vorfahren,
 — *Mein Jesus Barmherzigkeit!* —
Meinen Geschwistern und nächsten
Anverwandten,
 — *Mein Jesus Barmherzigkeit!* —
Meinen geistigen und leiblichen Wohltätern,
 — *Mein Jesus Barmherzigkeit!* —
Meinen früheren Freunden und Untergebenen,
 — *Mein Jesus Barmherzigkeit!* —
Allen, denen ich Liebe und Gebet schulde, -
Denen ich Nachteil und Schaden gebracht, -
Auch denen, die sich gegen mich verfehlt
haben, -
Allen, die von dir, o Herr, besonders geliebt
sind, -
Allen, die der Vereinigung mit dir am nächsten

sind, -
Allen, die am sehnlichsten nach dir verlangen,
-
Allen, die am meisten zu leiden haben, -
Allen, die der Befreiung am fernsten sind, -
Allen, die am wenigsten Hilfe empfangen, -
Allen, die am meisten um die Kirche verdient
sind, -
Allen Reichen, die dort am ärmsten sind, -
Den Mächtigen, die nun wie geringe Diener
sind, -
Den Blinden, die jetzt ihre Torheit einsehen, -
Den Eitlen, die ihre Zeit verschwendeten, -
Den Armen, die Gottes Reichtum nicht
suchten, -
Den Lauen, die das Gebet nicht übten, -
Den Trägen, die so manches Werk
versäumten, -
Den Schwachgläubigen, welche die heiligen
Sakramente vernachlässigten, -
Den Gewohnheitssündern, die nur durch ein
Wunder der Gnade Gottes gerettet sind, -
Den Eltern, die nicht über ihre Kinder
wachten, -
Den Vorgesetzten, die um das Seelenheil der
Untergebenen sich nicht kümmerten, -
Den armen Menschen, die fast nur nach Geld

oder Vergnügen strebten, -
Den irdisch Gesinnten, die ihr Geld oder Talent
nicht für den Himmel nutzbar machten, -
Den Toren, die so viele sterben sahen und
dennoch ihres Todes nicht gedachten, -
Denen, die ihr Haus nicht beizeiten bestellten
und zur großen Reise nicht zeitig rüsteten, -
Allen, die du um so strenger richtest, je
Größeres du ihnen anvertrautest, -
Den Päpsten, Königen und Fürsten, -
Den Bischöfen und ihren Ratgebern, -
Meinen Lehrern und Seelenhirten, -
Den verstorbenen Priestern dieses Bistums, -
Den Priestern der ganzen katholischen Kirche,
-
Den Verteidigern des heiligen Glaubens, -
Den auf den Schlachtfeldern Gefallenen, -
Den im Meere Begrabenen, -
Den am Schlagfluß Gestorbenen, -
Den ohne Sakramente Dahingeschiedenen, -
Allen, die heute oder morgen sterben werden,
-
Meiner eigenen armen Seele, wenn sie
einstens vor deinem Gerichte erscheinen wird,
-
*Herr, gib allen die ewige Ruhe, und das ewige
Licht leuchte ihnen. Ehre sei dem Vater…*

"In einem einzigen Werk der Barmherzigkeit gegen die Armen Seelen sind alle übrigen dreizehn, die geistigen und die leichblichen, inbegriffen."

Heiliger Franz von Sales.

<u>Danke & Bitte</u>

Liebe Brüder und Schwestern in Christo, vergelts Gott für euer Gebet und eure Andacht für die Armen Seelen.

Wenn ihr dem Apostolat zur Verbreitung des Gebetes für die Armen Seelen helfen möchtet, so verteilt und empfehlt das Buch.

Wer möchte, soll doch bitte für uns zum heiligen Josef bitten, dass wir unsere monatlichen Kosten gedeckt bekommen. Sehr empfehlenswert ist hier die Josefsnovene aus dem ersten Band der Reihe.

Im Gebet verbunden,

Lucio JoseMaria de Bresser.
i.A. Bruderschaft zum Troste der Armen Seelen

Zuwendungen für die Bruderschaft und das Apostolat bitte richten an:

Thomas Rickel

Sparda Bank Hannover
BLZ: 250 905 00
Kto.-Nr. 10 28 553

Verwendungszweck: bitte angeben.
(Apostolat/Messintentionen/Liebesopfer/Sonstige)

Gelobt Sei Jesus Christus!

Maria sei allzeit mein Sinn!